收割在即

Derek Prince

叶光明 著

叶光明事工团队

收割在即
Harvest Just Ahead

叶光明国际事工版权 © 2018

叶光明事工亚太地区出版

PO Box 2029, Christchurch, New Zealand 8140

admin@dpm.co.nz

叶光明事工出版

版权所有

DPM 51

ISBN: 978-1-78263-643-4

引言

　　据推测，自一九七0年代中期起，叶光明牧师不定时就会对年轻学子即兴分享"收割在即"（The Harvest Just Ahead）的信息，也就是这本小册子的核心信息。对末世收割中的工人而言，这是一次最为撼动人心的呼召，听到庄稼收割之日即将来临。

　　我们深信"收割在即"是圣灵对我们每个人的直接挑战，很高兴能由众所景仰的圣经教师、属灵导师兼好友叶光明牧师，加以传讲。

　　事实上，当天叶牧师讲道讲到一半便说明，他知道是神激动他开始进入收割的主题。他对听众坦言，当天分享的内容中"没有一句话"是出现在先前准备的讲章大纲上。

　　接着叶光明牧师又说："我被迫得出一个结论，那就是今天是神要我分享刚刚那段信息。所以这么一来，我就更有义务让在座各位做出抉择了。"

　　在阅读这本小册子的时候，我们相信主也同样的要你做出抉择。因此，请读者诸君好好细读吸收，并做出坚定的决定，且乐意把自己交给神。你要预备心，将自己毫无保留地献给庄稼的主，成为他所使用的工人，在那重要的日子带领成千上万的人进入神国。

收割在即

圣经告诉我们，没有人知道主再来的日子与时刻，但我相信时候已经非常近了。我并不是说耶稣一定会在这一千年当中再来，但我想他来的时候会比我们多数人预想得更快。然而，主再来前的事件却会按着神安排的次序一一发生，正如神在圣经中曾略告诉我们的。首先是春雨（圣灵的浇灌）将要降下，接着是收割（灵魂最后一次的收成），最后则是主耶稣要再来。

我感到神的圣灵非常热切地想要赏赐这特别的信息"收割在即"。或许这是因为对每个基督徒来说，尤其是对美国的基督徒来说，这是一个极为急迫的呼召，你们要参与这收割庄稼的荣耀任务，这么一来主就要快快回来迎接他的新妇—教会。

我相信我个人是用很独特的眼光在看待美国这个国家，虽然我是美国公民，但我的祖籍却是英国。但当我向在座的强盛之国美国的同胞们传递这篇信息的时候，我不是以英国人的身份讲道，而是以同胞的身份跟大家分享。所以，一开始，我想跟大家简短分享一下个人归化美国公民的那一小段历史。

一九六三年，神动用他的主权介入我的人生，呼召我来到美国。当时我只是短暂地来美国停留六个月，不过，主却有不同的计划。一九七〇年七月，我成了美国公民，从此我就把这个身份当成一个特权。

对于自己的英国公民身份我一直深深引以为傲，因此在归化前必须先放弃英国国籍，对我来说是个相当重大的决定，但我确信自己是按神的旨意而行。

我出生就是英国人，成长在英国的极盛时期。我的家族是所谓的"大英帝国奠基者"，他们都是驻扎在印度的英国陆军军官，而我也在印度出生。

但在我有生之年却眼睁睁看到整个大英帝国逐渐崩毁，倒下。

由此我学到一个真理，那就是任何政治军事的势力都无法永存，必须经过努力才得以保存，更需要捍卫，任何国家要置身巅峰都要具备一些先决条件。对英国人而言，要承认世界的领导权已经转移到美国，是很不容易的一件事，但是国家的命运是掌握在神手中，而神为什么让英国衰败呢？又为什么容许美国逐步强大呢？

我相信神让这个国家强大起来，并赋予独特的特权、财富与潜能，不只是为了领导自由世界，也是为了一个尚未成就的目的。也就是说，既然美国这个国家起始就是从神话语的种子而生，那么神也要为她建立一批军队，好出去收割庄稼。

所以"收割在即"这信息才会承载着如此的急迫感与重要性。当年耶稣看着众人就说："**要收的庄稼多，做工去收割的人少。**"(马太福音九章37节)然而在现今世界，耶稣时代的情况仍旧重复着。

美国这个国家正站在一个十字路口，是要寻求神的命定，还是落入衰亡。我们愿意效法建国先贤，顺服独一永活的真神并出去收割庄稼吗？还是我们要拒绝神与他的计划，

5

收割在即

最终在灾难与失败中迎接灭亡？

神给每个国家一个选择。而我要向美国属基督耶稣的教会大声疾呼"收割在即"，我们必须选择以工人的身份，忠心且殷勤地事奉我们的主。

大丰收

　　收割庄稼是指什么？从属灵层面来看，是指世上万国万民都会进入神的国，也就是这世代结束时的最后一次大丰收。这次的收成是许多人工作、散种、劳苦、牺牲以及筹划的成果。但那终极的收割若要临到，得先等神降下"春雨"，就是圣灵的浇灌。

　　因为出生于军人世家，我少有下田务农的经验。不过，二次大战初期，我确曾在爱尔兰南部从事农务达半年之久，那时我曾下田、照顾羊群、修补破损的篱笆、分离乳脂，还做过其它类似的工作。虽然对农务的基本常识有限，不过我还是能这么说：在农业领域里，一切的农务都朝向某个最终高峰，而那就是收成。农夫辛苦劳碌，一切都是为了收成。

　　在属灵的国度也是如此，最终目的就在收割收成，神所安排的其它活动也都指向这个目的。马太福音十三章39节中，耶稣透过一句简要的话语，指出了这一点。在麦子与稗子的比喻中，耶稣为比喻作了些许解释，他说："收割的时候就是世界的末了。"

　　我们务必记住这一点，这再重要不过了。收割的时候就是世界的末了。这世代同样是朝着一个高峰点前进，而那个高峰点就是收割。基本上，近两千年来教会所发生的一切事件与过程，最终都是指向这个高峰点收割。

等候主再来

在灵魂的收成之前，还有许多事件必须先发生。我想特别指出在雅各书五章7、8节所记载的这件事。

弟兄们哪，你们要忍耐，直到主来。看哪，农夫忍耐等候地里宝贵的出产，直到得了秋雨春雨。你们也当忍耐，坚固你们的心，因为主来的日子近了。

请注意，在农夫收成前要先等到秋雨春雨降下，而这些事情都跟主再来直接相关。等到万物都经圣灵雨水复兴之时，我们就可以期盼主耶稣基督的再临。

但是首先要收割，这与主再临是同步的。这两者是合一又不可分割的。当收割到了末尾，主就要来到，雅各告诉我们应当持守耐心。

雨水的目的

　　圣经对于雨水的教导本质上是为了收成而降下。我再强调，这是个很重要的原则，圣经很多地方都可以看到这样的教导，雨水是为着收成而降下。

　　从多处圣经来看，无论秋雨春雨，指的都是圣灵浇灌的图像。教会的建立乃是始于圣灵大大的浇灌，而最终也要从圣灵的大大浇灌开始。如果我们不清楚圣灵的浇灌是为着收成降下，就会错失神的最终计划。

毁坏与复兴的图像

　　为要更深理解神使万物复兴的计划，一起来读约珥书吧！约珥这位重要的先知，曾预言我们所身处的末日会有圣灵的浇灌。

　　约珥书共计三章，共同的主题可以分别用三个词汇来简扼表达：一、毁坏，二、复兴，三、审判。

　　约珥书第一章呈现了神子民各处产业毁坏的景像。约珥书第二章25节则提到充满恩典的复兴应许："就是蝗虫、蝻子、蚂蚱、剪虫、那些年所吃的、我要补还你们。"约珥书三章则是警告那些拒绝复兴的人会得到审判。

　　当我们一开始专注在第一章与二章中所描述的荒凉与复兴时，约珥使用两种象征性的树作为重要异象，代表了神子

收割在即

民的类型，或者说是图像。第一种树是无花果树，代表以色
列，就是从亚伯拉罕所生、肉身属于神子民的人；另一种树
是葡萄树，代表教会，就是灵里所生的子民，他们是因信耶
稣基督藉着神的灵所重生的。

无花果树和葡萄树（以色列与教会），在约珥书第一章
12节关于毁坏的描述中都可看到。

> 葡萄树枯干：无花果树衰残。……连田野一切的树
> 木也都枯干：众人的喜乐尽都消灭。

约珥书一章 12 节

因着蝗虫与干旱的侵害，田地无法收成，因此素祭和奠
祭(谷物、新酒与酒)也都从神的殿中断绝：

> 田荒凉、地悲哀．因为五谷毁坏、新酒干竭、油也
> 缺乏。农夫啊，你们要惭愧、修理葡萄园的啊、你
> 们要哀号、因为大麦小麦与田间的庄稼都灭绝了。

约珥书一章10-11节

复兴从降雨开始

在约珥书第二章中，我们看到神承诺使无花果树与葡萄树重新生长，这两种树各自代表了以色列与教会。而从经文的第23节我们发现，透过降雨的应许，作者呈现了复兴的预言性象征。

> 锡安的民哪、你们要快乐、为耶和华你们的神欢喜。因他（信实地）赐给你们合宜的秋雨、为你们降下甘霖、就是秋雨、春雨、和先前一样。禾场必满了麦子。酒醡与油醡必有新酒和油盈溢。我打发到你们中间的大军队、就是蝗虫、蝻子、蚂蚱、剪虫、那些年所吃的、我要补还你们。你们必多吃而得饱足、就赞美为你们行奇妙事之耶和华你们神的名。我的百姓、必永远不至羞愧。你们必知道我是在以色列中间、又知道我是耶和华你们的神、在我以外并无别神、我的百姓必永远不至羞愧。

约珥书二章23-27节

神的解决方案是什么？神要透过秋雨开始动工。这是以色列地一年当中所降的第一场大雨。通常秋雨是从十一月干季快结束时开始下，紧接着则是寒冷的冬季。这种雨遍布全地、雨量丰沛，也充满戏剧性。由于到了该季节土壤早已烘

收割在即

干，降雨的目的是在软化土壤，这么一来农夫才能启动栽种的过程，并为了翌年的收割而开始工作。

在此之后，整个寒冷冬季的十一月、十二月、一月、二月当中，持续会有降雨，可是却毫无预警，仅仅是偶尔这里那里下一点小雨。一直到冬天快要结束前，才会有全面性的丰沛降雨。

在约珥书二章23节中，经文提到"正月"（译注：中文和合本圣经并没有这几个字，英文版英王钦定本圣经 则有"the first month"字眼）。请记得，当以色列在第一个逾越节离开埃及时，该月份之后就奉为正月。

耶和华在埃及地晓谕摩西、亚伦说："你们要以本月为正月，为一年之首。"

出埃及记十二章1-2节

逾越节的节期基本上落在基督教复活节前后。因此，在冬天快要结束之际，神在"正月"（在以色列刚好是四月）赐下春雨，接着冬天正式结束，干季就此开始。这是以色列地在一年当中最丰沛且涵盖范围最广的降雨。在神的经济体系之内，降雨在农业上是为了让散在土里的种子发芽，降雨之后，农作物就会快速地成长，等待收成。

降雨是为了收成

我们再次看到圣经多处提到关于雨水的一个原则，降雨总是为了收成。我们当了解以色列的降雨模式，因为圣灵在教会中动工正是透过以色列的降雨模式作为代表。

从申命记十一章10节往后看，我们看到神对他子民的应许。他应许只要他们遵守他的话语，他就要降下大雨，使以色列民获得丰收。

> "你要进去得为业的那地，本不像你出来的埃及地。你在那里撒种，用脚浇灌，像浇灌菜园一样。你们要过去得为业的那地乃是有山有谷、雨水滋润之地，是耶和华—你神所眷顾的：从岁首到年终，耶和华—你神的眼目时常看顾那地。'你们若留意听从我今日所吩咐的试命，爱耶和华—你们的神，尽心尽性事奉他，他（原文是我）必按时降秋雨（或做第一场雨）春雨在你们的地上，（在此请注意属神的经济体系的目的）使你们可以收藏五谷、新酒，和油。" ---------- 申命记十一章10-14节

切记，雨水乃神所赐的礼物。圣经强调雨水乃是归属在主权能的掌管之下。

教会历史的模式

现在我们要把预言性的图像应用在教会历史的模式上。教会时代的开端是起自五旬节的秋雨，也就是圣灵第一次大量且戏剧性的浇灌下来。我想几乎所有的神学家与历史学家都会同意这一点。

当彼得被问到圣灵的浇灌时，他立刻将这样的事件与约珥的预言作了连结，并且说：

> "这正是先知约珥所说的：'神说：在末后的日子，我要将我的灵浇灌凡有血气的。你们的儿女要说预言；你们的少年人要见异象；老年人要做异梦。在那些日子，我要将我的灵浇灌我的仆人和使女，他们就要说预言。'"

使徒行传二章16-18节

你将会发现，彼得继续往下谈末后的日子，他接下棒子传递主所说在末日要做之事的信息：

> "'在天上，我要显出奇事；在地下，我要显出神迹，有血，有火，有烟雾。日头要变为黑暗，月亮要变为血；这都在主大而明显的日子未到以前。到那时候，凡求告主名的，就必得救。'"

使徒行传二章19-21节

在此我们看见彼得把那预言与末日直接做了连结。但大家却会说："这不是很奇怪吗?毕竟那是将近两千年前发生的事情,跟末日怎么会连结得上呢?"

这一点也不奇怪,因为彼得引用的是先知约珥的记载。而约珥说过圣灵会以两种大型浇灌的方式降临到教会当中,其一是教会历史早期的秋雨,另一种则是教会末期的春雨,而这两种天气形态跟以色列的气候正好相呼应。

今日我们所身处的世代就是春雨降临的时代,这是人类历史当中最丰沛、最全面性且强大的一次圣灵浇灌。我相信我们正身处在那样的时代,若春雨未降,就无法进行收割。

两种人

我们可能又要问了:收割是什么呢? 收割指的就是万国万民都进入神国的大丰收。请牢记这句话,因为这答案会带出下面这个提问。当领受圣灵浇灌之后,要如何才能在生命中产生果效? 答案是,透过与神的计划连结。

一直以来都有两种人领受圣灵的洗,多年来都是如此。一种人了解圣灵浇灌的原因,另一种人却不了解。

那些不了解的人虽被圣灵充满,却把能力藏在身上。他们多半成了超属灵的"祝福自己"俱乐部成员。他们聚在一起向彼此说预言,按手在彼此的头上,并看到异象与启示。接着他们说:"这位弟兄,神赐福给你,很高兴跟你在一起。我们下周同一时间再会噢！”两年后，他们的生命既没有成长也未退后，就是原地踏步。他们的生命一成不变，因为他们不懂神的计划。

我要大力强调这句话，降雨的目的就是为了收割。降雨不是为了让你能变得更为属灵或是特别蒙福。圣灵的雨水降下是为了使你成为神国优秀的收割工人。

圣灵的雨水不是为了降雨本身的目的，而是为了灵魂的收成。有些人尽管学历不够好，在神学院所受的训练不够多，却领受了圣灵的洗，并且把整个世界翻转了过来。为什么？因为他们明白，圣灵的能力之所以赏赐给他们，一切都是为了收割灵魂的庄稼。

圣灵的雨水赐下来，不是为了让我们成为超级属灵的人，而是为了在收获季节中拥有能力收割。

一切都是为了收割

整本圣经多次强调收割。如果我们查看摩西律法与约当中几个重要的节期，会发现，每个旧约节期都对应到基督教历史上的某个事件。例如，逾越节刚好在复活节前后，而收割节则与五旬节（圣灵降临节）同时，以此类推。我坚信这种连结也要应用在收割一事上，并且收割的预言必然成就。

未来，在教会历史中，将有一段特定时间是收割期，而我相信这跟春雨直接有关。此外，我相信跟这时代某个令人惊讶的特殊状况也有关连，就是人口爆炸。据我了解，每隔六十年，世界人口就会增长一倍。到了二〇〇九年，世界人口已超过六十五亿，再不过多久就将增加到七十亿、八十亿（编注2014年底世界人口已超过72亿），甚至更多。不论这个数据是否正确，专家警告我们，未来势必产生粮食短缺以及土地不够居住的问题。

我绝对相信，神对世界人口爆炸的问题必定了然于心，我也相信神有他的最终目的。容我这么解释：如果约珥的预言能够实现；如果教会能除去口是心非与不成熟而得着炼净；如果教会能被圣灵充满，并经验到神的恩膏与能力；如果教会可以不再躲在自己宗派的角落中、除去彼此间的壁垒分明之势，在耶稣基督里合一的话，这样的教会就可以在今日靠着圣灵的能力进入世界。而当教会带着能力进入世界，就可以在短短的数年间看到更多的人得救，甚至超越从耶稣时代直到今日所得救的人数。

这就是收割，如今时候即将临到。春雨是为了收割而降下的。神已经开始按手在人身上，对他们说："你们现在就要开始准备，你们要得着释放，你们要被分派出去，因为当收成开始时，速度会非常的快，你得马上拿起镰刀收割庄稼。"

如闪电一般

在一九四八年、一九四九年间，加拿大的"春雨运动"（The Latter Rain Movement）开始展开（顺道一提，那

收割在即

真是出于神的行动）。那次运动中，住在爱德蒙顿市（亦或卡加利市）的一个年轻女孩清楚地看到春雨的异象，也看到末日的收割。她说在异象中，收割的速度有如闪电环绕地球一周般瞬间就结束。就是这样，收割就像是闪电般快速。

在耶利米书中，我们看到先知斥责他那个时代的以色列人说，因为他们不明白神如何动工，所以他们以自我为中心，只关心自己肉体的情欲。他们的心眼看不到神所做的事情，对神的话也就充耳不闻。耶利米说：

> "但这百姓有背叛忤逆的心，他们叛我（也就是神，证据是什么？）而去，心内也不说：'我们应当敬畏耶和华我们的神：他按时赐雨，就是秋雨春雨，又为我们定收割的节令，永存不废。"

耶利米书五章23-24节

请注意，春雨降下是为了收割。那么以色列人犯了什么样的错误呢？他们不明白自己必须完全倚靠神才能看到降雨，而且春雨降下是为了收割。他们误解了神行事的目的。收成时节要落在一年的哪段时间内，都是由神所命定的。

几年前，我惊觉到这个启示。其实是，有一天我提早去到一家餐厅，选了张桌子准备坐下。正当我要坐下的时候，却发现桌上放了告示牌，告知不可以在此就座。你猜猜那牌子写了什么？本座位已被预约。当我读到这段话，马上想到，没错啊！就是这样，神早预定了短短几周的时间作为收成之用。他已经先行预约了。他跟撒但说："那几周不属于你，我已经预约作为收割之用。"不是下几个月的雨，而是只下个几周的雨。如果你是个农夫或是从事种植的人就会明白，一年当中最重要且忙碌的季节就是收割季，这时候所有的人手都得出动。

神一直都在提醒他的子民，收割的季节即将到来。谷物从开始成熟到预备收割，其间的过程是很漫长的。但是朋友啊，当收成的季节来到时，假如你还没预备好，不仅无从知道收割已经开始，也就来不及收成。收割期到来时的速度就是这么飞快。

我们再看一次耶利米书五章23-24节，在这里我们看到神的子民是怎么错失了神对收割前得先预备雨水的重要性。

"但这百姓有背叛忤逆的心，他们叛我而去，心内也不说：'我们应当敬畏耶和华我们的神:他按时赐雨，就是秋雨春雨，又为我们定收割的节令，永存不废。'"

我们必须了解，在神降雨的事情上拒绝神的动工是很糟糕的一步。无视于神动工的那些牧者、团体与教会，他们拒绝圣灵的工作，他们怀"有背叛忤逆的心"。神说他们"叛我而去"。我说这些，不是为了攻击任何人，也无意取悦特定人士。

收割在即

让我告诉各位我所相信的，我相信我们现在所见到的，将是神最后一次对美国的怜悯。如果美国的基督徒不响应神，那么这个国家的未来就只有毁坏与审判。

朋友们，我深信这是生死攸关的时刻。所以，在传讲这信息时，我绝不让步。我相信我们可以选择而且能够绝处逢生。我相信神爱美国，他把这个国家的命定分别出来，必有特别的心意。但是我却极其担忧，难以想象若接下来这几年美国不愿接受圣灵降临，会发生什么状况。

为什么信奉无神论的共产主义会临到俄罗斯，你知道吗？因为圣灵在一八七〇与一八八〇年代曾经临到俄罗斯，可是当地基督徒拒绝了他。当他们一拒绝，整个国家便陷入属灵的真空，很自然地就被当时世上最强大的灵体所填满，也就是敌基督的灵。敌基督的灵也在美国境内不停蠢动，不仅在各大校园，甚至入侵教会与神学院。令人惊惧的时刻即将来到，届时我们必须决定：选择基督还是敌基督？没有其它选项。

严肃的选择

十九个世纪前，以色列国遇到这样的选择："这两个人，你们要我释放哪一个给你们呢？"彼拉多问道："要耶稣还是巴拉巴？"（参马太福音廿七章21节)以色列人没有第三种选项。他们愚蠢地回答说："巴拉巴。"即便此人是个有暴力倾向的煽动叛乱份子与职业抗争者，他们还是选择了巴拉巴。

你可曾思考过犹太人当时的这两种响应？第一种响应是："除掉这个人！释放巴拉巴给我们！"(参路加福音廿三章18节)接着彼拉多对他们说："那么我要拿你们的王如何呢？"他们的回答是："除了凯散，我们没有王。"(参约翰福音十九章 15 节)他们否认主耶稣是君王。

只要把过往的犹太历史阅读一遍，你会看到什么？你会看到凯散与巴拉巴这样的人一直统治着犹太人。他们选择什么样的王，就被什么样的王统治。当神要你选择时，你就得选择，而你也会得到你所选择的。

在过往的十九个世纪的年月中，究竟有多少凯散，多少皇帝，多少君王，多少独裁者，残害压迫过犹太国？你们都读过犹太史吗？你们知道那些"凯散们"如何频频利用这些"巴拉巴们"，也就是那些专事叛乱、暴力煽动的份子，投入与犹太人抗衡的作为吗？这样的事情在人类历史中不断地重复发生。

近代最为惊悚残酷的例子非希特勒与他的纳粹党突击队员(Nazi Storm Troopers)莫属。你可知道希特勒的生命态度从何而来？他深受历史哲学家斯宾格勒(德文全名 为 Oswald Arnold Gottfried Spengler) 冷酷无情的哲学影响，此人曾这样传授说，"我们需要另一个凯撒。"

神的决定时刻

话讲到这里（老实说，我压根没想过会讲到如此严肃的题目），连我都为这选择的严肃后果而备感惊恐。在一千九百多年前，以色列人做出了一个抉择，是神给他们的抉择。他们也得到所选择的结果，甚至连细节都丝毫不差。

今天，美国也面临这样的抉择："选择耶稣，还是巴拉巴？"现今这国家充斥着暴力、动乱、仇恨、斗殴，正是提供巴拉巴肆虐的时机。可是我们可以有不一样的选择，选择权在自己手中。这是属神的抉择时刻，这是神要临到的时刻。这可不是什么类似破冰的生存游戏啊!这是生死关头的选择。而且我相信，我们可以选择生而非死。

我相信神绝对乐意将史上最大的复兴赐给美国。我如此确信绝非偶然，我多年来不断为此祷告、默想、禁食并寻求神。我确信自己传讲的是神赐的真理。我向来不是个鲁莽而武断的人，我内心深信，我所传讲的信息是神所赐下的。

对于传讲神给的真理，我绝不打折扣，因为有一天我得为自己所说的向神交帐。圣经中有多处提到神要人做出抉择，申命记三十章19节中，摩西这么说。

"我今日呼天唤地向你作见证:我将生死祸福陈明在你面前，所以你要拣选生命，使你和你的后裔都得存活。"

你可知道是什么样的想法令我震撼吗?就是神愿意给人选择权。神把一个简单的选择摆在我们面前;你可以选择生命与祝福，也可以选择死亡与咒诅。摩西说："我劝你们选择生命。"

你们知道我选择了什么吗? 我选择了生命，也选择了祝福。我绝对相信我所选择的就会得到，正如以色列人得到了他们所选择的，只不过他们选的是错误的。

大约摩西后一个世代，约书亚说："……你们……今日就可以选择所要事奉的。"（约书亚记廿四章15节）请看清楚，这选择没有或不或许的选项。许多人以为："我或许可以选择事奉神，或许可以选择事奉魔鬼，甚或我干脆就选让自己高兴就好。"

根本没有这样的选择方式。神给你的选择是，你选择事奉神，还是魔鬼，就这么简单。你或许会这么说："叶弟兄，我不知道自己在事奉谁啊?"那么我想，你事奉的应当是魔鬼。因为事奉神的人行在光明中，他们必然知道自己事奉的是谁。

若干世代之后，以色列国出现一位先知以利亚，他说："你们心持两意要到几时呢?若耶和华是神，就当顺从耶和华：若巴力是神，就当顺从巴力。"（列王纪上十八章21节）

你要事奉谁?

我相信对美国基督徒来说，是下定决心的时候了。你可能会说：“我所属的宗派并没有这么教导喔。”你也可能会说：“我的教会并没有这么传讲啊。”我慎重地问你，你要把信仰奠基在这些脆弱的根基上吗？

神所求的是什么呢？他所求的是我们的全然献上。他要我们毫无保留地将自己委身于他、遵行他的旨意、服事他、相信并传讲他的话语。神要你毫无保留，也没有附加条件地跟随他，成就他的计划。要如何能参与神在末日最伟大的行动呢？很简单！唯一的条件就是：完全、毫无保留地委身于主耶稣基督。只需要这样，接下来就水到渠成。我相信神差遣我来告诉美国基督徒，时候到了，你们该醒过来了。美国的基督徒不当在属灵的战役上节节败退，他们可以选择得胜。如果你们得胜，这个国家就可以得救，这块土地就会得到医治。如果你们输了，那么就是永恒中的耻辱。我不批判任何宗派，也无意攻击教会，这不是我的重点。重点是：耶稣在你人生中占着什么位置？教会只有一个主，就是耶稣。教会也只有一个头，就是耶稣。

让我告诉你我所做的决定。我的身心灵都属于主耶稣基督，从今时直到永永远远。当耶稣死在十字架上时，他以宝血救赎我，我已经把自己献给他。你也能说出同样的话吗？如果你还不能，那么你现在愿意做出这个决定吗？

收割正要开始

收割在即。我无法准确告诉你何时展开，但世界上某些地方的庄稼已经开始成熟。我要跟你们分享几年前我在非洲分享过的一件事情，当时我对他们说："收割的时刻已经迫在眉睫了，神需要工人，数以百计的工人，以他话语当作属灵镰刀，来收割灵魂。"收成的时候已经到了，全地的庄稼已经熟了，可以收割了。

耶利米书八章20节说："**麦秋已过，夏令已完，我们还未得救！**"一旦麦秋(收割时节)过去、夏令已完，就没有得救的机会了。那时候救恩之门就关上了！

那么你呢？你活着的目的又是什么？人生对你来说有何意义？保罗说过："**因我活着就是基督，我死了就有益处。**"(腓立比书一章21节)人生拥有耶稣就已足够，有了基督，你不再需要其它，你只需要耶稣基督。我们的主说过："**复活在我，生命也在我。**"(约翰福音十一章25节)他也说过："**我来了，是要叫羊得生命，并且得的更丰盛。**"(约翰福音十章10节)

当你委身于耶稣基督，生命就是丰盛圆满而令人兴奋着迷的。我曾在一所大学任教，原本我可能成为个教授，但是我做出了抉择。当主呼召我传福音时，我说："我愿意！"在世界的眼中，我放弃了一份绝佳的职位，教授的工作有很多的发展可能，尽享学术尊荣，但我可以满怀信心地说，如果今天必须重新再做抉择，我还是会做出同样的选择。

做了那样的抉择，我的人生依然丰盛圆满与美好。我对于献身给耶稣基督毫不后悔。我只会为着自己先前没有献给主用的那些时日，感到后悔。

收割在即

或许你想要把自己的生命完全献给主耶稣基督用。请注意，这并不表示自此你就不再遇到问题，也不表示你永不会跌倒，但却表示你立下了一个承诺，就当你遇到挫折艰难时，你将因此得着保守。我所讲的是一种委身，是对耶稣基督我们收割的主全然与坚定的委身，宣告你愿意成为禾场中收割的工人。当你委身于耶稣基督，他自然会告诉你接下来要怎么做。

委身的祷告

如果你还有任何疑惑不解与不确定之处，以致在成为基督徒的过程中，内心没有经历过深刻的平安稳妥，我想有可能是因为你缺乏完全的委身之故。根据我上面所分享的，或许你现在愿意对耶稣基督立下明确的委身了。为什么不现在就告诉他，你这一生到永远都要跟随他呢?为什么不现在就告诉他，藉着圣灵，无论任何方式，只要是合神心意的，你愿一生任他差遣，供他使用，为要使他得着荣耀。

倘若你的一生愿意献给耶稣基督，愿意向主如此委身，那么我会为你这样祷告。现在，请依着这祷告文来祷告：

父神，奉耶稣的名我要说我爱你，感谢你叫我以你子民的身份站立在你面前，我甘心乐意献上生命给耶稣基督。

主啊，我以身为基督徒的权柄站立宣告，我要从各样的捆绑、束缚，以及各样拦阻我无法委身耶稣的事物中，释放出来，我奉耶稣之名宣告自己得释放，主啊，我将自己交托在你手中。

我愿任你差遣，你是收割的主，是教会的头，你掌管教会万事万物，这教会是你的身体，我们是你的肢体。主啊，让我知道从此刻起，我受你的管辖，你也要赐福与我，并且坚固我、使用我。

主啊，我更为着收割祷告，你曾说过："因此，你们要求庄稼的主打发工人出去收割庄稼。"主啊，我祈求你照着你的旨意行，在你认为恰当的时候，在各样的景况与需要中差遣我进入禾场，做你的工人，奉主耶稣的名祷告，阿们！

后记

当年，在叶光明牧师传讲完上述这堂关于收割、大有能力的信息后，紧接着是一段敬拜赞美时间，最后则是叶光明牧师先知性的话语分享，令人备受提醒。

主对我们说："看啊，我已将能力赐给你我赐能力给你我所赐的不是给已过的世代，也不是给未来的世代，而是赐给此刻听到信息的你。我赐这能力的根基乃是我曾说，你有权柄可以践踏蛇和蝎子，又胜过仇敌一切的能力。我需要你们被能力充满，且被我神圣的爆炸威力充满。

"我需要的仆人乃是忠心顺服的，他们不只管自己的事，也不是我行我素或者传扬自己想传的道理的人，我需要的仆人乃是站在我面前、听我声音，且传讲我话语的人。

"倘若你们愿意传讲我的话语，你就能够让这些人远离罪恶，你就能将他们从毁灭中救出来，但是倘若你所传的是属于你自己的梦想、思想与人类的智能言语，那么这些听者必然毁灭，而我需要将话语交在我的见证人手中。

"是的，我需要将话语交在那群传道人的手中，我会交给这一代的传道人，他们从未向人宣告神的真理，人所需要的既不是来自人的智能言语，也不是人间的机构，更不是宗派教义式的理论，他们需要的是我的话语。"

当我们进入迫在眉睫的收割季节，愿神赏赐给我们力量与恩典能员服于他，使我们成为禾场上忠心的工人。

关于作者

叶光明(Derek Prince, 1915-2003)生于印度，父母都是英国人。及长于英国伊顿公学和剑桥大学就读，成为希腊文和拉丁文的学者，并于国王学院主持古代与现代哲学研究。又于剑桥大学和耶路散冷的希伯来大学，研究包括希伯来与和阿拉米语(Aramaic)等数个现代语言。

二次大战期间服役于英陆军医疗团时，开始查考圣经，与耶稣基督面对面相遇，那经历彻底改变了他。那次相遇令他获致两项结论。第一，耶稣基督是活着的;第二，圣经是一本真实的、与现代人切身相关的书。这两项结论使他的人生大转向，从此他献身查考圣经、教导圣经。

叶光明最大的恩赐是，简单又清楚地解释和教导圣经，帮助无数人奠定了信仰的根基。他跨宗派、跨门派的教导，无论什么种族和宗教背景的人听来，都感到贴切而获益匪浅。

他著作了五十多本书，教导的录音带达六百卷、影片达一百卷之多，当中许多已被翻译成一百多种语言出版。他有个每日播出的广播节目，已被译成阿拉伯语、中文（厦门话、粤语、普通话、上海话、潮州话)、克罗埃西亚语、德语、马达加斯加语、蒙古语、俄罗斯语、萨摩亚语、西班牙语和东加语。这个广播节目仍持续感动着世界各地的听众。

"叶光明事奉团"（Derek Prince Ministries）仍坚守福

收割在即

音事奉，将叶光明的教导带到全世界一百四十多个国家的信徒当中，忠于托付"直到耶稣再来"。欲了解最新讯息，请点选网站.www.ygm.services

如何在智能手机上安装应用程序(App)

可复制网址到智能手机的浏览器，或使用二维码安装
适用于您智能手机的应用程序（App）

iPhone/iPad手机下载网址:

https://itunes.apple.com/sg/app/
ye-guang-ming-ye-guang-ming/
id1028210558?mt=8

若干安卓手机下载地址如下，供您选择:

https://play.google.com/store/
apps/details?id=com.subsplash.
thechurchapp.s_3HRM7X&hl

叶光明事工微信公众平台:

如果您对叶光明事工的资料有任何反馈或愿意作出奉献支持事工，请email联络我们：

电子邮件 feedback@fastmail.cn

DPM51-B111